MILHÜSE
IN DE WÀCHSELJOHRE

Compogravure : Edito Strasbourg
© Éditions du Rhin - Mulhouse 1997
Éditions du journal L'Alsace
ISBN 2 86339 133 X

Textes de Freddy WILLENBUCHER *(Alias Profàsser Flàscheputzer)*
Illustrations de Jean-François MATTAUER

MILHÜSE IN DE WÀCHSELJOHRE

éditions du Rhin

PRÉFACE

Peu de cités connurent au cours de leur histoire autant de vicissitudes que la petite république de *Mülhausen*, qui, officiellement, fêtera au cours de 1998 le bicentenaire de sa réunion à la France.

Les auteurs estiment néanmoins que certaines lacunes, survenues au cours de ces deux siècles, méritent d'être relevées. Bien que « rattachée » à la France en 1798, la ville de Mulhouse, fut « détachée » à deux reprises, entre cette dernière date et 1998 comme trophée de guerre vers la Germanie voisine. La première fois de 1871 à 1918, la seconde, de 1940 à 1944, deux périodes impossibles à auculter pour les Mulhousiens, qui n'apprécièrent guère ces changements, décidés sans leur demander leur avis.

Le présent ouvrage ne relatera que certains événements marquants survenus entre 1746 et 1899, année qui vit naître le Théatre Alsacien de Mulhouse, qui lui, fêtera ses cent ans dans le cadre du bicentenaire de Mulhouse. Pour commémorer ces deux anniversaires, la troupe de l'ETM (*Elsàsser Theater Milhüse*) présentera au cours de la période carnavalesque, et dans le cadre du *Herre-n-Owe*, exclusivement réservée aux messieurs, une pièce satirique dénommée *200 Johr un noch weeniger*. Ce titre évoque à lui tout seul la situation par rapport à certaines « vérités » historiques.

En dehors des faits réels survenus *intra-muros* durant la période indiquée, cet ouvrage comprend également quelques événements non authentifiés. Chaque dessin comporte des explications en langue française, et les lecteurs maîtrisant notre dialecte y trouveront une série de blagues, car, ne l'oublions pas, Mulhouse utilisa durant des siècles ce seul moyen d'expression populaire. Ce fameux *Milhüserditsch* ou la *Milhüsersproch*. D'ailleurs certains *Milhüser Wagges* préfèrent l'expression *Milhüserisch* par opposition à l'*Elsàsserditsch*.

VORWORT

G'wisse behaupte, dass d'friehjere freie Repüblik Milhüse an'e 1998, ihre 200 jàhrige Aschluss an Frankrich fîre wird. Etlige behaupte das dà Aschluss zwar wirtschaftlig ufgezwunge wore isch, andere hàn wider e verschidene Meinung. – Nur eins hat'me in dàre Affare vergàsse, dass in dàre Zitspanne vu 200 johr, unsere Stadt zwei Mol Fremd gange isch, oder, wie's d'r Titel vu dàm Büech vermerkt, Wàchselhjohre miterlàbt hat, drumm heisst jo d'r Herre-n-Owe 1998 « 200 johr, un noch weeniger ! ».

In dàm Büech wàre zwar nur Ereignisse entwickelt, wu sich in Milhüse zwische 1746 un 1899 abgschpihlt hàn. – Doch, will d'r Elsàsser, un d'Milhüser mit ibegriffe, vu Natür üs alles Spassvegel sin, so wàre e Paar Zeichnunge nit ganz in d'r Wohret entspràche.

Güete Unterhaltung, dass isch unser Wunsch.

Fir d'r Text unterschribt d'r Profàsser Flàscheputzer (alias Freddy Willenbucher), wu, was d'franzeesche Kommentare abelangt, sich ganz no-n-m friehjere Stadtarchivar un Ortschroniker Ernest Meininger g'richte hat. Fir d'Elsàssische Witz tràhjt àr allei d'Verantwortung.

D'Zeichnunge, die sin alle « Giefem » unterzeichnet, was zwar gar nimme notwàndig wàr, si « style » isch jo allg'mein bekannt... un beliebt.

Beide VERFÀSSER

D'Friehjere freie Republik Milhüse isch punkto Demokratie vu jehàr un schu im Mittelalter mit'm güete Bispihl vorah gange.

D'Milhüser derfe stolz uf ihre Vorgànger seh.

Freddy Willenbucher

– Was isch Mamsell Ursule, was tribt ihre Schwoger d'r Tag dure, sither dass är pensionniert isch ?
– Reede mir nit, Mamsell Lisbeth, dà geht uf alle Krimpelmärkt un süecht dert alte Pupe.
– Bi mim Schwoger isch's schlimmer, dà süecht jetz junge Pupe !

Samuel Koechlin, Jean-Jacques Schmalzer et Jean-Henri Dollfuss créent, rue de la Loi, la première fabrique de toiles peintes à Mulhouse.

1746

E Versicherungsagànt versücht im Heiri e Làwensversicherung îz'schwàtze. Dà meint : « Gànn Eich kei Miehj, ich halt dra dass mine Erwe alle e trürig G'sicht mache, wenn ich emol nimme do bin ! »

Le 28 février, a lieu la dernière application de la peine du *Klapperstein* (pierre des bavards). La délinquante, Chrischona de Bihl, femme de Nicolas Vogel, avait gravement injurié le Conseil et fut condamnée à porter la pierre des bavards autour de la fontaine monumentale, Place de l'Hôtel de ville, trois fois de suite.

1780

D'r Herr Maire b'sücht s'Kunschtmuseum am Wilhelm Tellplätzle, un stüehnt vor'me G'mälde. Ar frogt d'r Diràkter :
– Was soll die Tafle do bedite ?
– No meint dà Beamte : « Herre maire, das isch e Picasso. Doletscht hàn mir ihn abg'hànkt fir-n-e absteiwe, un siterhàr weiss kei Mensch meh was owe oder unte isch ! »

Les fabricants de l'intérieur s'élèvent contre la prétention de Mulhouse, de jouir au point de vue du commerce, des mêmes avantages que les nationaux.

1791

An'e 1885 hat d'erschte Fahrschüel in Milhüse ufg'macht, un zwar im « Frippiersgàssle », d'jetzige rue des Bouchers. *Do lehrt ein uf'me Panhard-Levassor z'fahre. No sàit'r zum Usbilder : « Die Hüffe Füessgànger reege mich uf » ! D'r Fachmann git ihm Antwort : « Prowiere's doch uf d'r Stross z'fahre, anstatt uf'm trottoir ! »*

Les tracasseries du Directoire parisien commencent à lasser les industriels locaux, qui connaissent de plus en plus de difficultés d'approvisionnement en matières premières nécessaires à leurs usines, ainsi que pour écouler les produits manufacturés.

1792

Im Mittelalter, vorem Nesseltor, do schwärmt ein fir d'Clothilde, s'Techterle vum Birgermeischter, un sàit dàm Màidle « Wage Ihne, Clothilde, bring ich schu wuchelang z'Nacht kei Auig meh züe »
– As isch nit uf d'r Kopf keit un antwortet ihm « do gàb's e Uswàg, mi Vater süecht momentan e Nachtwàrter fir d'r Bollwàrkturm ».

La France fait installer onze postes de douane autour de Mulhouse. De ce fait, les habitants sont dans l'impossibilité de quitter leur ville sans présenter un passeport, délivré uniquement par la Préfecture de Colmar. Les barrages douaniers furent installés à Rixheim, Habsheim, Riedisheim, Bruebach, Brunstatt, Dornach, Pfastatt, Lutterbach, Schoenensteinbach, Kingersheim et Sausheim.

1792

No-n-m Aschluss an Frankrich hat e Sparkasse bim Itrachtsplàtzle ufg'macht. Am erschte Tag schu màldet sich d'r Jean-Baptiste, d'r Hundertjàhriger vu d'r Stadt, wu-n-e Sparkonto will ufmache.
– D'r Kassierer meint « Meine Ihr s'isch notwàndig, dass Ihr, in eirem Alter noch spare ?
– Natirlig, junger mann, s'isch nie z'friehj fir an sine alte Tàge z'sorge !

Sans commentaire !

Wàhrend'me Kursus, in d'r milhüser Universität, do frogt e Studànt « Was isch das eigentlig, e Doktor honoris causa *? »*
– D'r Profàsser versücht's dàre Frog e begrifflige Antwort z'gàh : « Das heisst s'kat ein zum Ehredokter ernennt wàre, ohne eigentlig Dokter z'seh, grad so wie wenn e Mamsell als Ehrejungfrauj ernennt wird, die isch's meischtens oi nit ! »

Le département du Haut-Rhin suscite de nouvelles entraves aux relations avec Mulhouse. La pénurie de céréales oblige la ville à se charger de la répartition du pain et à défendre la fabrication de la bière.

1794

In d'r Zighüssgass trifft d'r Robi d'r Camille a. « Sag, Camilli, ich han miesse erfahre dass Dü kei Fleisch meh isch. Sither wenn bisch Dü jetz Vegetarier ? »
– Das isch ganz eifach, Robi, sither dass d'r Metzger minere Frauj kei Kredit meh macht !

Pour assurer le ravitaillement de la population, la ville achète du blé en Allemagne et en Suisse.

1795

In d'r Zentralbüttig, so hat'me als friehjer d'Ecole Centrale *bim Siesswinkel g'nennt, do hat emol d'r Lehrer g'frogt : « Was miiess'me unter dàm Sprichwort "in der Kürze ligt die Würze" versteh ? »*
– Schu antwort d'r bleede Schangi « Wenn d'Lehrere e Minijipp'le alegt ! »

Une rébellion, provoquée par les événements en France, éclate en septembre à Illzach, qui veut s'affranchir de la suzeraineté de Mulhouse.

1796

Do màldet sich ein vor e Paar hundert Johr uf d'r Polizeiwacht bim Rothüs un beklagt sich dert dass ihm si Gàldbittel gstohle wore isch.
– D'Lanzknàcht nimmt dr'vu Notiz un frogt « Wie hat das Ding üsgsàh, beschriwe mir das ? » No meint d'r Kläger « Wie d'Keche vum "Triwel" am Itrachtsplàtzle ».

Le découragement s'empare de la bourgeoisie, à qui la nécessité de se réunir à la France s'impose de plus en plus.

1797

> *Hinterem Bichtstüehl hat emol, vor lange Johre, d'r Kantonspfarrer vu d'r Mariahilfskirch e Paar Schlittschüeh g'funde. Ar frogt d'r Sakristaner :*
> *– Wuhàr kumme die Schlittschüe hàr, un in wem sin'se ?*
> *– Minere Meinung noch kenne die nur im'e Issheilige g'heere.*

Le 3 janvier, le Grand Conseil se prononce pour la réunion à la France, par 97 voix contre 5.

1798

Wu in Milhüse d'erschte Unterricht iwer Sexkunde igfiehrt wore sin, so frogt d'r Freddele sine Schüelmamsell : « Jà, wenn d'r Storck e Bubbele gebrocht hat, wu geht àr dr'no ane ?
– D'Mamsell isch so zimmlig verlàge un weiss kei Antwort z'gàh, doch schu màldet sich s'finfjàhrige Mariggele « Das isch e dumme Frog, wenn d'r Stork si Bubbele abg'lifert hat, so fliegt'z ruck, in d'Hose wum Pape ! »

Le 4 janvier, la bourgeoisie est convoquée au Temple Saint Etienne, et la décision de la veille, prise par le Grand Conseil, est soumise à son approbation. 591 voix se prononcent en faveur de la réunion et 15 voix en faveur de la temporisation.

1798 (suite)

D'r Christian hat sich in d'r Barfüessergass als Dokter installiert. Am'e scheene Tag frogt ihn si Kolleg Alfred
– « Wie lauft eigentlig dine Praxis ? »
– Ich bin meh as z'frîde, ich kan mir's jetz leischte, im'e Patiànt z'verkinde dass ihm iwerhautpt nit fàhlt.

Sans commentaire !

1798

> *Sàllemols, wu s'Gaschthüs « Zur Krone » dert bim Gànzeplàtzle noch gstande isch, so hat sich e friehjerer Mariner bim Wirt beklagt : « Wenn ich bi Eich e Grog trink, so dànk ich immer an'e Ozean ! »*
> *– So ? Do kumm ich halt nit mit !*
> *– S'isch doch eifach… Wasser, nit as Wasser, immer nur Wasser !*

Jean-Ulrich Metzger, Commissaire du Gouvernement, vient à Mulhouse pour y négocier le traité définitif, qui fut signé le 29 janvier. Transmis à Paris, le texte fut ratifié par le Directoire le 22 pluviôse de l'An VI de la République (11.2.1798) et approuvé par le Conseil des Anciens le 11 ventôse (1er mars).

1798

> *Uf'm Standesamt im Rothüs, do will ein si Techterle amàlde. D'r Beante frogt :*
> *« wie heisst das Kind ?*
> *– Bettbrunzer-Marie*
> *– Das isch doch kei Vorname*
> *– Wieso nit ? Mim Nochber si Junge heisst jo oi "Rose-Marie". Ich derf doch min Kind oi e Blüemenamme gàh, oder nit ?*

Le blocus douanier, installé en 1792, prend fin le 17 février.

1798

In're Beize bim Itrachtsplatz, jetz Place de la Concorde, tràffe sich zwei Kumpel wu sich schu-n-e Rung nimme gsàh hàn.
– Sag Robi, bisch noch mit'm Lotty üs'm Uhrehof verlobt ?
– Nei, isch im Robi z'Antwort.
– Do kahsch awer im Himmel danke, Dü Glicksvogel. Das Lotty isch nit wàrt, hat e Saujcharakter, süft wie-n-e Birschtebinder, un isch owedrî noch e Ummezug. Wieso bisch Dü dà Zehre los wore ?
– S'isch ganz eifach, meint d'r Robi… ich han unsere Verlobung ufgàh, wu ich s'Lotty g'hirote han !

Le Grand Conseil de Mulhouse et les « quarante » se réunissent une dernière fois pour fixer la date du rattachement. On se décida pour le jeudi 15 mars et une commission spéciale fut nommée pour en régler le cérémonial.

Im Johr 1598 kummt e Eilbote (estafette) *uf s'Rothüs un sàit zum Portner « Ich müess unbedingt im Birgermeischter ebbis wichtigs màlde »*
– Das geht nit, àr hat momentan Handvoll z'tüe
– So, hat'r e neje Sekretärin ?

Le 15 mars, à six heures du matin, cinquante coups de canon annoncèrent l'ouverture des festivités. Des jeunes filles offrirent au Commissaire Metzger les clefs de la ville sur un plateau d'argent. Les manifestations se succédèrent durant toute la journée. Un banquet réunissant 160 couverts fut donné à l'hôtel de ville, tandis qu'un feu d'artifice clôtura la journée, qui coûta 68 652 F à la ville.

1798

Sàllemols, im Mittelalter, wu d'Stadt noch e Hànker (bourreau) g'ha hat, (dà isch im Schindergàssle g'wohnt, jetz rue de la Justice*), do isch e Verbràcher vor s'Malefizeg'richt kumme, unter d'r Aklag, e Raubiwerfall iwer d'Schatzkammer begange z'ha. Ar wird zum Tod verurteilt.*
– Wu ihn d'r Hànker (oi Scharfrichter g'nennt) üs d'r Zelle hohlt, fir das Urteil vollstrecke, no meint'r noch zum G'fangene « Wu Dü das Verbràche begange hasch, so hàtsch awer an di alte Müetter kennte dànke. » No sàit d'r Verbracher : « Wieso ? Ich han doch nit brüche an d'Müetter dànke, die hat jo e scheene Rànte ! »

En souvenir du rattachement, un *Arbre de la Liberté* fut planté aux quatre portes de la ville.

1798

Do hat sich vor johre oi emol e Bàttler bim Pfarrer vu d'r Mariahilfskirch, in d'r Kloschtergass g'màlde, un sàit'm « Ich bin ohne Ikummes, un han kei Rànte, bin also Mittellos »
– Mitfühlend meind d'r Geischtlige. Jà hat'me Ihne noch nie kei Arwet agebote, mi Armer ?
– Un schu kummt d'Antwort « Doch grad ei Mol nur, awer sunscht sin d'Mensche immer lieb un nàtt zu mir gseh ! »

Ce 15 mars naquit à Mulhouse, dans la *Schüelgass* Henriette Reber, fille du négociant Jean-Henri Reber. Le Commissaire Metzger offrit à la « première Française » un drapeau aux couleurs nationales. Pour commémorer l'événement, l'ancienne *Schüelgass* (rue des Ecoles) porte depuis cette date, et encore actuellement le nom de « rue Henriette ».

1798

In d'r Lothringerschüel, in d'r Barfüessergass, jetz rue des Franciscains, *frogt d'Lehrere s'kleine Finnele « Was müess'me unterem Wort Monolog versteh ? » No meint s'Junge « Wenn mi Pape spot üs d'r Wirtschaft kummt, no macht ihm d'Mama e Monolog, denn àr kummt doch nie zum Wort ».*

Le culte religieux, supprimé en 1798, lors de la réunion, est rétabli en France. L'Eglise des Franciscains est cédée à la communauté catholique et prend le nom d'église Sainte-Marie.

1803

Am Rothüsplatz, fascht am Ecke vu d'r Bäckergass, isch e Apothek, wu dert schu im Mittelalter gstande isch.
– Grad in sàllere Zit hat sich e Ritter dert g'màlde un hat e Heiltrank (Elixir) gege d'r Bàndelwurm verlangt. Do frogt d'r Apotheker « Isch die Arznei fir e Erwachsener ? »
– No meint dà Soldat « E saujblede Frog, wie soll ich wisse dass dà Bàndelwurm e Erwachsener isch ? Ich han doch dà noch nie gsàh ! »

On commence la construction du canal du Rhône-au-Rhin. Quelques centaines de prisonniers espagnols sont utilisées pour effectuer les travaux.

1804

> *Bim Aschedurgang, bi d'r Drei Keenigsgass, (jetz d'r* Impasse des Cendres), *bi d'r* rue des Trois Rois *do hàn zwei Dissi Krach mitenander.*
> *– No meint d'r erscht « Ich mien ebbe jo nit glauwe dass ich so dumm bin wie-n-ich üsseh » Ganz lakonisch meint dr'no d'r zweit « Sin doch froh ! »*

Dorénavant tous les actes notariés devront être rédigés en langue française.

Im Halbmonddurgang, (jetz Passage de la Demi-Lune*) hat sich vor Zitte e Kunschtmohler inschtalliert, wu sich uf nackte (blute) Modeller spezialisiert hat.*
– Do màldet sich s'Uschele, üs d'r Frescheweid, (jetz Impasse des Tondeurs*), un frogt, ob às nit oi kennt als Modell steh.*
– D'r Kinschtler meint « Natirlig, sie hat e scheener Kerwerbaui nur isch das mit're Bedingung verbunde, ich will Sie blut molle.
– No iwerlegt sich s'Uschele un meint « No joh, wenn's müess seh, awer sin doch so güet un b'halte mindeschtens eire Unterhose ah ».

Pour la première fois on célèbre le 15 août, la fête de Napoléon Bonaparte.

1806

Vor ebbis iwer hundertdrissig Johr hat e Pàrle in d'r neje Stefanskirch, bim Rothüsplatz g'hirote. Wu'se vor'm Altar stehn, wàhrend dass d'Orgle noch spihlt, so frogt d'r Hochzitter « Dü, Schatzi, was sin das fir 4 Kinder wu Dir d'r Schlepp trage ? »
– Ihre Antwort « Das isch ganz eifach, mi Heissgeliebter, wenn Dü nohàr vorem Pastor "Jà" g'sàit hasch, dr'no sin alle viere unser ! »

Démolition de la tour près de la porte du Miroir *(Spiegeltor)*.

1809

In d'r Müessbrunnergass, jezt rue des Bons Enfants, *isch vor Johre e Beiz'le gseh, mit Anschrift "Zum Pompier-Helm", wohrschins will d'r Wàrkhof (*caserne des pompiers*) grad vis-à-vis in d'r Schmidtgass gstande isch.*
– In dàre Wirtschaft also, do meint e Mol e Fîrsoldat zum Wirt « Sage, ich han doch vor e Halb Stund e Sürlawerle bstellt. »
– So, awer nit bi mir !
– Nei, bim Serviermàidle, schafft das ebbe jetz eneine anderscht ?

Démolition de la tour près de la Porte Jeune (*Junge Tor*).

E Kàrle steht vor'm G'richt unter d'r Aklag vu Bigamie.
– Vor d'r Verhandlung frogt'r si Advokat, well's eigentlig d'schwàhrschte Strof wàr, wu-n-àr fir so-n-e Delikt rischkiert.
– Si Verteidiger sàit ihm ganz àrnscht « fir so Fàll git's immer e ganz schwàhre Strof,... zwei Schwigermietter ! »

Fin des travaux de creusement du lit du canal du Rhône-au-Rhin, en ce qui concerne sa traversée sur le territoire mulhousien. La mise en fonction du canal n'aura lieu qu'en 1829.

D'Mamsell Lisbeth sàit zu d'r Mamsell Ursule « Ich schlag mich nimme mit'm Hüszins umme, das macht jetz mine Bank fir mich, die iwerwîst jeder Monet d'r Betrag uf s'Konto vu mim Hüsmeischter. »
– Do meint d'Mamsell Ursule druff « Das isch e prima Idée, wu sie do g'ha hat, schliesslig hat jo d'Bank meh Gàld as unsereins ».

Après la défaite de Waterloo, la ville de Mulhouse fut occupée par les troupes prussiennes, ce qui occasionna une dépense de 500 000 F.

D'r Seppi, üs d'r Kloschtergass isch in Scheidung mit'm lange Rosi. Wu die beide vor'm G'richt stehn, so meint às « Eins kahsch Dir hinter d'Ohre schriwe, Kam'rad, so-n-e Frauj wie-n-ich wirsch Dü nie meh bekumme »
– Uf dashi sàit d'r Seppi ganz trucke « Das isch jo mi eizige Wunsch ! »

Les troupes d'occupation incendient et pillent le village de Riedisheim, emmenant même le fumier des paysans.

1815

> « *Was isch das, e Flàschezug ?* » *frogt s'Grittle sine Mame. Die, wu mit'me Isebàhnler g'hirote isch, meint d'richtige Antwort z'kenne, un sàit* « *E Flàschezug isch e extra Zug fir unfähige Sportler un Politiker !* »

Après le retour de Napoléon de l'île d'Elbe, réorganisation de la garde nationale. Un contingent de 200 Mulhousiens et de 500 hommes de la région, commandé par Isaac Schlumberger, est envoyé en garnison à Strasbourg.

1815

S'Amélie winscht sich, zu sim Geburtstag, im'e chinesische Restaurant àsse. No frogt'e Kollegin, im Büro : « wu findet ich d'adràss wu-m-e chinesische restaurant ? » No meint s'Kam'ràdle « Natirlig in de pages jaunes »

1 000 Autrichiens viennent en garnison à Mulhouse.

1816

»D'r kleine, wu e Paar Tàg Ferie bi sinere Grossmüetter verbringt, will sich nit wàsche. Alle Miehj nutze nit.
– No meint die Mamie « In Dim Alter han ich mir z'morge, z'mittag, un vor'm Bett geh, s'Gsicht g'wàscht »
– No git dà Jung Antwort « Un was hasch dr'vu, he, e Falteg'sicht ? Lüeg'di emol im'e Spiegel ! »

Seule exécution du XIXe siècle, place de la Concorde à Mulhouse. Le 29 janvier, Hammes, imprimeur d'indiennes, est guillotiné pour avoir tué dans un accès de colère son contremaître, Tromm.

1824

> *Milhüse, anno 1998.*
>
> *– In d'r Langgass, (die hat im Mittelalter schu so g'heisse) hebt e Polizischt e Autofahrer a, wu am'e Stop nit g'halte hat. D'r Beamte verlangt dàm Sünder si Fahrschîn.*
>
> *– No bekummt dà e Wüetafall un briellt : « Jà sage, geht's nimm bi Eich. Wie soll ich denn e Fahrschîn kenne vorwîse wu-n-Ihr mir d'letschte Wuch schu entzoge hàn ? »*

Le Conseil municipal envoie au roi Charles X une missive de félicitations pour son accession au trône, et une autre de condoléances, pour la mort de son frère, Louis XVIII.

D'Wanda kummt üs d'r Stadt heime, un zeigt im Fusi si neje Rock, un sàit dr'züe : « das isch d'allerletschte Pariser Mode ! »

– D'r Fusi betrachtet dà Rock un antwortet : « Sither dass ich Dich kenn, hasch immer so extravàgante un blede Sache agschaft. Ebbis normals fallt Dir iwerhaupt nit ! »

– Ganz trucke kummt d'r Wanda ihre Reaktion, e bissige « Dü bisch jo s'erschte extravàgante wu ich g'numme han ! »

Ouverture, rue Sainte Claire, dans un hangar de la Maison Gluck, d'un théâtre. À proximité se trouvait la rue du Théâtre, alias *Kàibengässlein.*

Am 15 März 1798, no de offizielle Feierlikeite vu d'r Agliderung vu Milhüse an Frankrich, so isch in d'r ganze Stadt getanzt wore, oi bim Spiegeltor. Dert hohlt e junger Durnacher e Màidle üs d'r Kramgass, jetz rue Mercière, *fir e "Hopser" z'tanze (jetz sage'se Polka).*
– Wu-n-àr das Miggele wider an si Platz fiehrt, no bemerkt'r noch schnàll « Mamsell, ich han grad g'meint, ich han uf're Wulke getantz ! » As meint dr'no zornig
– Nei, uf mine Fiess sin'r ummegetappt, jowoll !

Place Lambert, est inauguré un monument en l'honneur de Jean-Henri Lambert, célèbre mathématicien, né à Mulhouse le 26.8.1728, mort à Berlin le 25.9.1777.

Bim Pfaffegàssle, jetz rue des Prêtres *hat als e Dokter praktiziert. Zu dàm kummt emol d'r Chàrri, üs d'r Neigass, wu sich iwer Büchschmàrze beklagt. D'r Medicus macht inh abz'ziege, un wu das gschàh isch, so meint'r ganz empört : « Wenn'me zu mir in d'Spràchstund kummt, so wàscht'me sich vorhàr ! »*
– Das steert d'r Chàrri nit, wu grad noch dr'züe sàit : « Wurum, ich lîd jo an'ere innere Kranket, un nit an're üssere ! »

Ouverture de la navigation sur le canal du Rhône-au-Rhin relié au Rhin via l'Ile-Napoléon par le canal de Huningue. Les premières péniches, chargées de houille, arrivent au bassin de Mulhouse.

1829

> *D'r Camille trifft d'r Arthur vorem "Triwel", bi d'r Zighüssgass.*
> *– Kumm Kam'rad, mir gehn e Bier geh trinke*
> *– Nei Camille, das geht nit, mine Frauj hat mir alles verbote, s'trinke, s'rauche, in d'Wirtschaft geh oi natirlig*
> *– Oh Dü armer Kàib, so-n-e Rabîse hasch Dü g'hirote ! Gàll, Dü bereihsch's, dass Dü g'hirote hasch ?*
> *– Nei, s'Bereihje hat'se mir oi verbote !*

Arrivée, le 22 juin, du roi Louis-Philippe. Il visite le lendemain une exposition de produits manufacturés et repart le 24 au matin.

Am Tisch, wàhrend'm Mittagàsse frogt s'Madeleine « Richard, wie schmecke Dir mine Hardaepfelpflütte ? » Ar : « wieso die dumme Frog, süechsch ebbe Hàndel ? »

En septembre, l'Ill déborde et provoque la plus importante inondation du siècle.

1831

In d'r Triwelgass unterhalte sich zwei Dame iwer ihre Mànner. Do meint d'erschte zu d'r zweite : « Mi Mann raucht gàrn e Zigarre wenn ich ihm ebbis güets gekocht han. » So, meint dr'no d'andere, no hat àr sich s'rauche ganz abgwehnt ?

Démolition des fortifications entourant la tour du *Bollwerk*. Cette dernière, plusieurs fois modifiée, subsiste encore actuellement.

1835

An'e 1839 isch d'erschte Bahnlinie zwische Milhüse un Thann igweiht wore. D'r Bahnhof hat sich sàllemols noch hinter d'r Giesserei, bim Kockruri befunde. Dert sàit emol e Reisender zum Fahrdienschtleiter : « Hit isch's s'erschte Mol dass d'r Siwenerzug planmàssig ifahrt un kei Verspeetung hat »
– No meint d'r Bahnbeamte : « Sisch eigentlig dà Zug wu mir geschtert schu am si wesse erwarte hàn ! »

On pose des plaques indiquant le nom des rues. En outre, les maisons sont numérotées par rue, alors qu'auparavant le numérotage se poursuivait d'un bout à l'autre de la ville.

1842

D'r Kircheschwizer-Verband hat im Volkshüss si alljàhrige Bal organisiert. Wu d'r Schangi gege Tagesabruch, vum Tisch ufsteht, so sàit àr zu sinere Frauj « Olga, ich han was'i brüch, do, nimm Dü d'r Wageschlissel »

– Si Kolleg, d'r Milli, wird dur die Werter wunderfitzig un frogt « Sag Schangi, Di Frauj kat jo nit fahre un hat oi kei Fiehrerschîn, wurum gibsch ihre dr'no d'r Kontaktschlissel vu Dim Wage ? »

– Das weiss ich alles, Emile, awer s'Olga findet mindeschtens s'Schlisselloch fir d'Tire ufz'mache.

Le maire Emile Dollfus fait débuter les travaux du canal de décharge des eaux de l'Ill *(D'r Ablaufkanal)*, dans le but d'éviter les fréquentes inondations provoquées par cette rivière.

D'r Nesti, üs d'r Gsetzgass müess in d'r Haserain uffe, fir dert operiert z'wàre. Am Morge, wu-n-àr splitternackt in d'r Operationssaal g'fiehrt wird, so düet-n-e e junge
Krankeschweschter ganz grindlig betrachte, un schu frogt'se e Kollegin üs : « Wurum hat jetz dà Patiànt ganz wisse Hoor uf'm Kopf un ganz unte sin'se schwarz ? »
– Dàre ihre Antwort : « Verstehsch, dert unte hat'r wohl nit so vil Sorge g'ha wie Owe ! »

Par décret du 28 septembre, le nom de *Mülhausen* est changé en Mulhouse. La population compte alors 25 000 âmes.

1848

Damegschpràch wàhrend'me Teekrànzle : « *Meinsch Suzi, wu-n-ich geschtert d'r Wäschkorb làár, so find ich am'e Hemm vum Hans e roter Flàke, wu vu-m-e Lippelstift hàrstammt.*
– Ich frog'ne natirlig iwer d'Hàrkunft vu dàm Flàke, so sàit àr mir ganz trucke, das seig Tomatesaft. Was dàtsch Dü an mim Platz mache ?
– Ich ? Ich dàt zu-m-e Privat Detectiv geh, fir dass dà üsfindigt macht wer die Tomate isch.

Louis-Napoléon Bonaparte, président de la République, entreprend un voyage dans les départements de l'Est. Le 20 août, venant de Colmar, il arrive à Mulhouse...

1850

> *S'kumme zwei Kumpel, total benàwelt, üs d'r Brauerei in d'r Wildemannsgass. Am Junge Tor frogt dr'no d'r eint : « Valentin, lüeg emol dert uffe, isch das runde Liecht d'r Mond ?*
> *– Well runde Liecht, s'linke oder s'ràchte ?*

... mais à la suite d'un changement de programme, la réception officielle fut manquée. Après deux heures d'attente, le président, vexé, quitta la ville avec sa suite.

> *Do kummt ein vor s'Gricht un wird derte üsg'frogt. « Sin ihr verhirote ? »*
> *– Jà Herr Richter, leider, leider !*
> *– Die Bemerkung leider isch Nawessach*
> *– Fir Sie villicht, Herr Richter, awer fir mich isch's Hauptsach.*

Au cours de sa réunion du 8 août, le conseil municipal décide la démolition de l'église Saint-Etienne, Place de la Réunion, et de son remplacement par un temple.

D'r Michel sàit ganz verzwiffelt zum Oscar « Ich mach Bankrott, mien Frauj isch dur d'r Lauch, mit mim ganze Gàld. Kat'me sich ebbis schlimmeres vorstelle ? »
– E ganz natirlig git's noch schlimmeres, Michel, stell Dir vor sie kàm wider z'ruck, awer ohne Gàld !

À la suite de la rupture d'une digue du canal de décharge, les eaux de l'Ill provoquèrent une inondation, le 18 septembre. L'eau monta à un mètre au centre de la ville.

1852

D'r Raymond isch pensionniert wore. Do frogt e Nochbere si Suhn « Un was trib jetz d'r Pape d'r ganze Tag dure ?
– Ar hat kei lange Zit, àr baschelt. Vor 14 Tàg hat àr unsere Gügügsuhre ganz abmontiert, un dr'no wider zàmmegsetzt.
– Un die lauft wider ?
– Jo, so ungfàhr, awer d'r Gügüg kummt alle halb stund üsse un frogt well Zit dass às isch !

Début des travaux de construction de l'ancienne « Cité », entre la rive droite du canal de décharge (act. Boulevard Roosevelt) et l'Avenue de Colmar. Ces maisons existent encore aujourd'hui, rue de Strasbourg. La « nouvelle Cité » fut édifiée par la suite entre la rive gauche du Canal (quai du Forst) et la rue de Pfastatt.

1854

> *Sàllemols, wu's z'Milhüse noch e Gieserei gàh hat, do verwitscht e Owermeischter 2 Arweiter, wu im'e verlorene Winkel mitnander Karte gschpihlt hàn.*
> *– Jà han ich nit gscheiters z'mache as e Derdàle z'klopfe ? »*
> *– Doch Chef, mir warte grad uf d'r dritte Mann fir Skat z'spihle ».*

Par décret de l'Empereur, la sous-préfecture est transférée d'Altkirch à Mulhouse, qui comptait à cette époque 30 000 habitants.

1857

Uf'm Stade de l'Ill *isch e Füessballtràffe zwische F.C.M. un F.C. Brunscht. Im'e g'wisse Momànt hat ein vu de Spihler e lichter Tritt vum'e Gegner bekumme, losst sich an d'r Bode keje un briellt wie-n-e Muni.*
– D'r Schidsrichter, wu o Sache g'wehnt isch, meint dr'no « Sage, wem müess ich riefe, im'e Sanitätler vum Rote Kriz oder im Theater-Kritiker vu d'r Zittung ? »

Inauguration de la ligne de chemin de fer Mulhouse-Belfort. Le premier train venant de Paris entra en gare de Mulhouse le 26 avril.

1858

> *Klei Gschpràch wàhrend'me Teekrànzle :*
> *– Un, wie geht's denn bi Ihne g'sundheitlig, Madam Meyer ?*
> *– Das kan ich Ihne leider nit sage, mi Doktor isch momentan in Ferie.*

Par décret du 7-11 juillet, le tribunal de Première Instance est transféré d'Altkirch à Mulhouse.

1859

Do màldet sich e Pàrle bim Portier vu-m-e Hotel bi Züri. Da Agstellte frogt :
– So, sie möchte e Zimmer ? Güet, aber sin sie au verhürote ? No meint die Wibsperson :
– Natürli sin mir verhürote, àr schu 12 Johr, un i sechs Monet !

Installation du premier téléphone à Mulhouse. La ville fut reliée en 1883 à Guebwiller, en 1885 à Thann, en 1886 à Saint-Louis.

1882

D'klasse 1920, üs d'r milhüser « "Cité" hat sich in Brunscht zu-m-e Asse zàmmeg'funde. Wàhrend sinere Asproch sàit d'r Presidànt : « As fràit mich, die alte G'sichter z'sàh, wenn schu neje Gebisser dr'bi sin. »

Un groupe d'amateurs fonde le Théâtre Alsacien de Mulhouse (Elsàsser-Theater-Milhüse), qui se donne comme mission la défense du dialecte alsacien. Cette association, forte de près de 5 000 membres existe toujours et fêtera son centenaire courant 1999.

Là s'arrête la partie historique dont l'authenticité est prouvée.
Les quelques illustrations qui suivent sont sujets à caution quant à leur réalité, et restent sous la responsabilité exclusive de leurs auteurs. Jusqu'à preuve du contraire, nous classons cette série complémentaire dans le domaine de l'anachronisme volontaire…

1899

Uf'm Standesamt vu Milhüse hat e Mol e Dame ihre Kind ag'màlde. E Beamte fogt'se dr'no :
– Isch das Kind ehelig oder unehlig ?
– Sage mir halb un halb :
– Was soll das heisse ?
– Si Vater isch verhirote, ich awer nit.

A la suite d'attaques répétées, perpétrées par des mineurs sur des diligences des quartiers périphériques de la ville, le conseil municipal décide la création d'un corps de policiers municipaux, qui se chargera de la protection des bennes à ordures, des cabines téléphoniques, des voitures hippomobiles (2 CV. et au dessus) et des Bus (Baladeuses Urbaines Scabreuses).

Am Hochzitzàsse frogt e Màidele : « Dü, Unkel Jules, wurum hat d'r Pfarrer wàhrend sinere Predig immer vum Heilige Stand vu d'r Ehe g'redt ?
– Jà weisch Kind, Dü bisch noch z'jung fir das z'versteh. D'r Ehestand isch heilig will's dert so vil Martyrer gitt.

Les Chemins de Fer d'Alsace et de Lorraine projettent la création d'une ligne directe de Mulhouse à Paris, via le tunnel du Col de Bussang. Les travaux ont été entrepris après 1930, puis ajournés. Des reliques, (ponts et viaducs) érigées entre Fellering et Urbès ont été classées monuments historiques, par arrêté spécial annexé à l'Edit de Nantes.

1648

Am Stammtisch klagt d'r Güschti : « Mir Mànner sin doch richtige Idiote ! » no erwidert d'r Franzi « He, nit alle, s'git oi ledige Mannskàrle ! »

La *Gieserei GmbH* de Mulhouse construit la première automobile à vapeur, qui ne connut pas un grand succès, la firme « Peugeot » de son côté, projetant de lancer un modèle mû électriquement. Le prototype à vapeur baptisé *Dampfkütsche* par les Mulhousiens, est conservé au Musée de l'automobile.

1775

> *– Ich loss in mim Schlofzimmer d'ganze Nacht s'Liecht brenne, wàge de Ibràcher, sàit d'Ursule zu d'r Lisbeth. Dodruff meint die*
> *– Wurum das ? D'Ibràcher hàn doch sicher e Taschelampe !*

Un grand restaurant mulhousien, la *Citékuche*, réputé par ses spécialités exotiques, installe un salon particulier, doté d'une lanterne magique, ancêtre des téléviseurs, où l'on projette, entre la poire et le fromage, des films d'épouvante, comme par exemple *Frankenstein*.

> *D'Olga schimpft mit ihrem Mann : « Do han'i halt e Fang g'macht, wu-n-ich Dich als Mann g'numme han, ich hätt grad so güet d'r Teifel kennte nàmme. » No meint àr : « Das geht doch nit, unter Gschwischterte derft'me jo gar nit hirote ! »*

Création à Mulhouse, d'une association à but non lucratif, dénommée « F.C.M. » 1893. Son équipe fanion évolue alternativement dans l'une ou l'autre des divisions. Durant une certaine période ce club n'engagea que des joueurs classés « amateurs de haut niveau », en d'autres termes des professionnels ne payant pas d'impôts. Pendant quelque temps on reprocha à cette société de faire arbitrer ses matches par des malvoyants, pratiques qui ont été abandonnées sous le règne d'un certain *Munsch Chàrri*.

Do frogt e Doktor si Pàtiànt : « Wurum wànn ihr die Kur gege d'r Bàndelwurm abbràche ? »
– No meint dà « Ich bin zum Presidànteposchte vum Tierschutzverein ernennt wore ! »

Les Tramways de Mulhouse font l'acquisition du premier engin à vapeur de la marque *Glettîsse,* qui resta en fonction jusqu'à l'avènement de réseau électrique. Pendant des années, cette machine assura le fonctionnement de la ligne 11, de Mulhouse à Ensisheim, et de la 12, reliant la ville à Battenheim.

1895

S'Mathilde geht geh bichte, un sàit dert in d'r Kirch :
– Herr Pfarrer, ich han g'sindigt,
– So ! Un uf was fir e Gebiet isch die Sind begange wore ?
– Im Tannewald, hinterem Tiergarte.

Sur l'initiative de Hyorénimus Bockel, adjoint aux sports, et lointain ancêtre du maire actuel, la ville de Mulhouse est candidate pour la tenue des jeux olympiques d'hiver. Faute de neige, il en fait venir quelques centaines de tombereaux du Markstein, et les fait déverser en ville. Malheureusement pour lui, son projet a été contré par l'opposition, déjà agressive et mordante à cette époque, où un sundgauvien, Giuseppe Goetschy, ancien ambassadeur d'Alsace au Japon, escalada pour la première fois la face nord de la Hohlandsbourg.

1896

> *In d'r Gàrwergass, jetz* rue des Tanneurs, *màldet sich e Invalid in're Wohnung :*
> *– Bonchour, ich kumme fir ihre Piano z'hohle.*
> *– Was, ihr wànn unser Piano wandle, Ihr, mit einem Arm ?*
> *– Wieso denn nit… oder hàn'r ebbe zwei piano ?*

Le professeur Kleinknecht découvre dans son laboratoire du Hasenrain, le virus de la soif qu'il baptisa *Süfnase*. Par la suite, en mettant au point l'antidote de cette pénible affection, il a été nommé bienfaiteur de l'humanité, qui, comme nul ne l'ignore, est l'organe officiel du parti communiste.

1921

Zwei Doktor unterhalte sich mitnand wàhrend'me Emfang. No meint einer « D'Lit wànn halt nit begriffe dass mir nit unfàhlbar sin, wàgedàm hàn mir leider oi so vil Finde uf dàre Wàlt. »
– Do antwortet ihm si Kolleg « As stimmt, wàgedàm hàn mir vil Finde uf dàre Wàlt, awer wart numme, wenn mir emol in d'andere kumme, dert wàre mir ein verpasse ».

Deux catastrophes mondiales illustrent tristement cette année. Premièrement, Mussolini devient chef du gouvernement italien, deuxièmement, naissance au pavillon 18 du Hasenrain, d'un certain individu, appelé plus tard *Profàsser Flàscheputzer.* Nous n'en dirons pas plus.

Achevé d'imprimer
sur les presses
de Néo-Typo à Besançon
en janvier 1998
Dépôt légal N⁰ 21828 C